27

L_n 12860.

ORAISON FVNEBRE

DE FEVE MADAME

ANNE MARIE DE LORRAINE

ABBESSE DE L'ABBAYE
DE NOSTRE DAME
DV PONT.

Prononcee dans l'Eglise de l'Abbaye
du Pont aux Dames, le 6. iour
d'Aoust 1653.

Par le R. Pere Dom COSME DE
S. MICHEL, Feuillant.

A PARIS,
Chez GEORGES IOSSE, ruë
S. Iacques, à la Couronne
d'Espines.

M. DC. LIII.

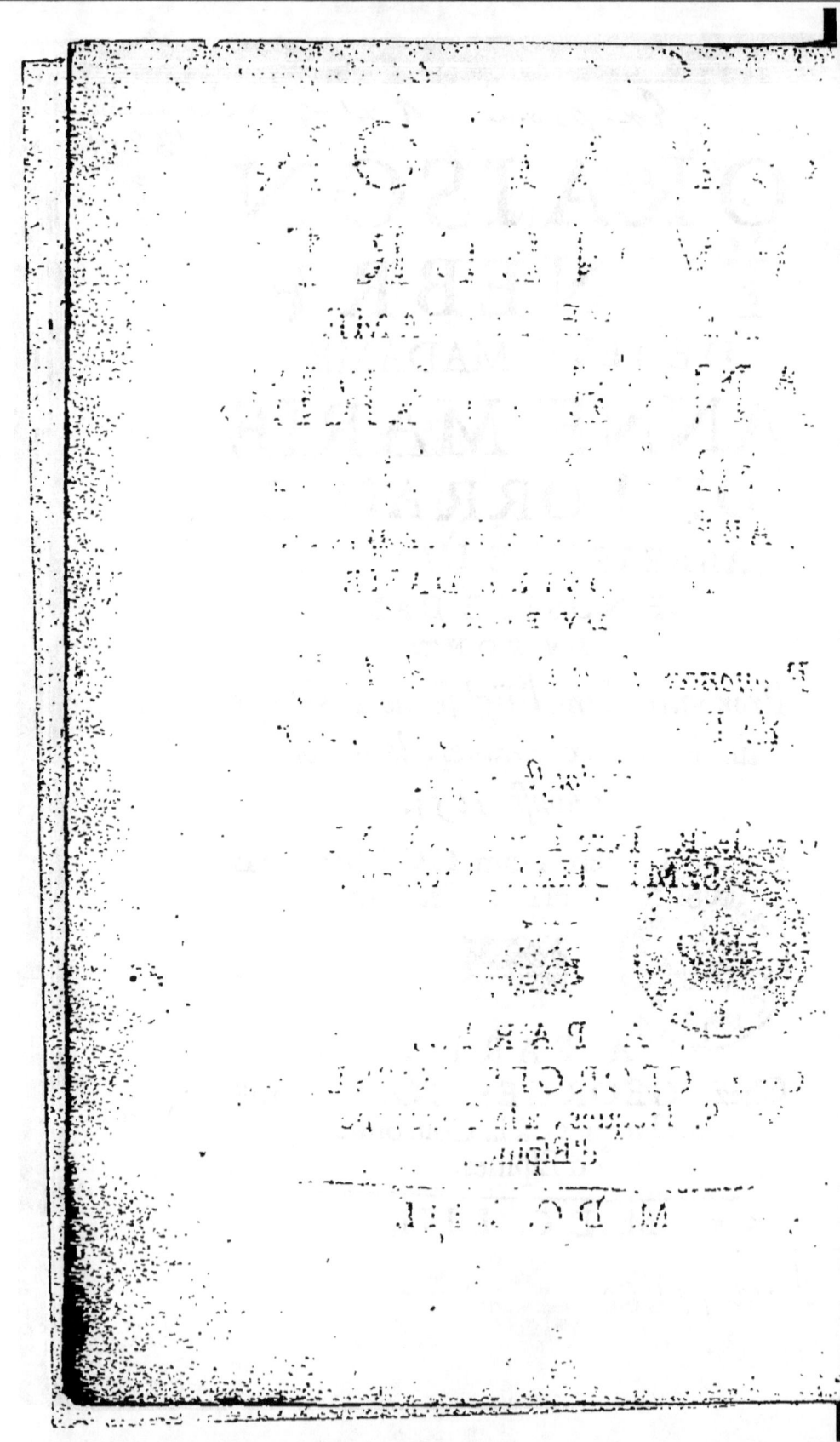

A MADAME
MADAME
HENRIETTE
DE LORRAINE,
ABBESSE DE L'ABBAYE
de nostre Dame du Pont.

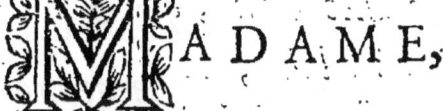

ADAME,

Ie crains que pour auoir trop
defferé aux desirs de feuë Madame,
vostre sœur, ie ne me sois beaucoup
esloigné des vostres, & que vous ne
me blasmiez d'iniustice, d'auoir
aussi peu apporté d'ornements à son
Eloge, qu'elle en a voulu à son
Tombeau. Ie suis certain qu'on ne
pouuoit mieux accomplir ses der-

A ij

EPISTRE.

nieres volontez que i'ay fait en ce discours Funebre; personne ne pouuoit seconder plus fidelement que moy, l'auersion qu'elle a tousiours euë pour les loüanges, car celles que ie luy ay donnees sont si mediocres, & sont si fort au dessous de ses merites, qu'on peut dire auec verité, que c'est ne l'auoir point loüée, que de l'auoir loüée de la sorte. Mais ie ne croy pas, MADAME, auoir satisfait à vos desirs, en suiuant si exactement les siens. L'amour, & l'estime que vous auiez pour cette grande Princesse, vous feront, sans doute, voir auec peine, que i'aye rendu tous mes homages à son humilité seule, & que ie n'aye donné aucun lustre au reste de ses vertus.

EPISTRE.

Ceux qui l'ont connuë, comme vous, MADAME, & i'ose dire aussi, comme moy, sçauent bien que c'estoit vne personne si acheuée, & si remplie des dons de la Nature, & de la Grace, que tout ce que i'ay dit à sa gloire, ne peut passer que pour vn foible crayon des qualitez admirables qu'elle possedoit. Quiconque voudra sçauoir au vray, ce que valoit cette sage, & vertueuse Princesse, la doit regarder dans vn Tableau plus fidelle que celuy que i'ay tracé dans ce discours: Il doit ietter les yeux sur vne image viuante qu'elle a laissée d'elle-mesme. Il sera plus facile à tout le monde de la connoistre, qu'à moy de vous la nommer; car i'ay tant d'horreur de la flaterie que, ie

EPISTRE.

ne me puis pas seulement resoudre à dire les veritez qui luy ressemblent. I'ayme mieux, MADAME, que mon silence vous fasse auoüer que i'ay autant de respect pour vostre modestie, que i'en ay eu pour l'humilité de cette grande Princesse vostre sœur. Ie sçay que c'est par cette voye qu'on trouue le secret de vous plaire, & que ie puis meriter l'honneur d'estre,

MADAME,

Vostre tres-humble & tres-obeyssant seruiteur en Dieu Fr. COSME DE S. MICHEL, Feuillant.

ORAISON FVNEBRE
DE FEVE MADAME
ANNE MARIE
DE LORRAINE,
ABBESSE DE L'ABBAYE
DE NOSTRE DAME
DV PONT.

Laudabimus eam ; fecit enim mirabilia in vita sua. Ecclesiastici cap. 31.

Il est juste de luy donner des loüanges apres sa mort, puis qu'elle a fait des merueilles durant sa vie.

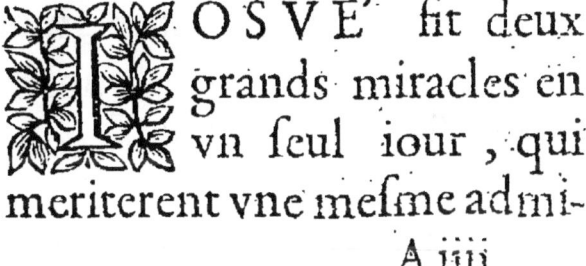IOSVE' fit deux grands miracles en vn seul iour, qui meriterent vne mesme admi-

A iiij

ration, puis qu'ils furent d'vne égale force ; mais la memoire des hommes luy a fait cette iniustice d'en supprimer vn, & semble auoir effacé vne partie de la gloire que l'écriture luy donne. Car nous lisons dans l'histoire de cét illustre general des Armées de Dieu, qu'il commáda au Soleil, & à la Lune de s'arrester, & que ces deux Astres demeurerent sans mouuement pour obeyr à sa voix; & neantmoins on ne parle presque iamais du pouuoir qu'il exerça sur la Lune, mais seulement de celuy qu'il fit paroistre à retarder le cours du Soleil. Que si les hommes ont eu raison de faire differéce de ces deux miracles, & d'é estimer infiniment l'vn plus que l'autre, c'est sans doute parce qu'ils ont crû que c'est vn grád bien pour le monde, que le Soleil demeure longtemps sur nostre orison; mais qu'il n'y a pas grand aduantage pour nous que la Lune arreste sa course, comme ce n'est pas vne disgrace fort fâcheuse qu'elle nous priue biétost de sa presence. Quand on a veu leuer le Soleil enuironné de tant de majesté & couronné de tát de lumieres, quand on a consideré le bien que nous apporte son éleuation, & la fœcondité qu'il dóne à la terre par la vertu de ses influances, quád on a éprouué les maux qui suruiennent lors qu'il se retire, & le triste estat où se trouue toute la nature apres son coucher; nous ne voyons point de miracle plus vtile à l'Vniuers, que d'arrester ce bel Astre dans son cours, & que de prolonger les faueurs qu'il fait aux hommes, en retardant sa retraite, qui les priue entierement de sa clarté. Lors qu'ó regarde au cótraire, que la Lune est vn planette d'vne vertu mediocre, qui n'a rien en elle-méme, ny dans ses effets qui égale les qualitez admirables du Soleil, quand on pése que sa lumiere est fort foible, & qu'elle n'éclaire que ceux qui marchent durant la nuit: quand on void que ses influances sōt plus malignes qu'elles ne sont fauorables, que son inconstance est perpetuelle, que son éloignement est suiuy de mille biens, qu'elle nous donne plus de froid que de chaleur, & qu'elle a plus de tenebres que de clarté; L'on met das l'indifference le miracle que fit Iosué en l'arrestant, parce que l'on n'y trouue aucun aduantage pour cette partie du monde, qui jouyssoit lors de sa presence.

Il me semble que nous deuons auoir les mêmes pensées à l'égard des personnes qui viuent au milieu de nous, que les hommes ont eu au suiet de ces deux Astres. Si nous voyons vne ame du commun dont la vie soit si obscure qu'elle semble estre éclipsée dans la nuict, si elle répand peu de lumiere sur nous par ses exemples, & si nous remarquons peu de vertu dans ses actions, nous ne deuons pas nous resioüyr de la longueur de sa vie, ny nous affliger beaucoup de voir aduancer sa mort. Mais quand Dieu fait naistre au monde de ces grandes ames qui éclairent dés leur naissance comme des Soleils, & qui ont des qualitez si eminentes qu'elles se rendent admirables, & vtiles à tous les hommes, l'on doit desirer la longueur de leur vie comme vn grand bien pour la terre, & l'on peut s'attrister de leur mort, comme d'vne perte considerable à l'Vniuers.

Cette verité, mes Dames, iustifie les pleurs que vous répandez pour la mort de feuë Madame Anne Marie de Lorraine, vostre Abbesse, qui vous touche encore aussi sensiblement, apres vne année, que si vous ne l'auiez perduë que depuis vn iour. Vous auiez veu leuer ce ieune Soleil dans la splendeur d'vne naissance si illustre qu'il y en a peu d'aussi glorieuses dans le monde. Vous auiez veu éclatter plus de vertus dans ses exemples que l'Astre du iour n'a de rayons de lumiere : son éleuation au dessus de vous en qualité de Superieure, vous auoit fait sentir des influences de bonté, & de douceur, qui auoient raui vos cœurs. Il ne vous restoit rien à souhaitter que le pouuoir d'vn Iosué, pour arrester la course precipitée de ce Soleil ; & ie puis dire que ce miracle ne vous estoit pas moins necessaire qu'à luy, pour prolonger vos victoires, puis qu'elle vous donnoit du cœur, & des forces par sa presence pour deffaire les ennemis de vostre salut.

Mais les ordres sacrez de la prouidence, qui ne se reglent pas, par nos veuës, ny par nos desirs, n'ont donné que la durée d'vn éclair à cette aymable Princesse, qui sembloit deuoir égaler les Astres en durée, puis qu'elle les surpassoit en clarté. Le Ciel a bien voulu en d'autres rencontres qu'on sceut pourquoy il aduançoit la mort de quelques autres personnes dont la vie sembloit meriter d'estre immortelle. Il nous a *Sap. c. 4.*

dit au Liure de la Sagesse qu'il a abregé les iours de plusieurs iustes pour les retirer du peril où ils estoient dans le monde, & dans la compagnie des pecheurs. Mais cette raison n'a point de lieu à l'égard de cette ame vertueuse, qui n'auoit pas laissé cét aduantage, à la mort, de la retirer de la contagion du Siecle, dont sa vertu l'éloigna dés son bas aage pour la mettre en seureté dans vn Monastere. L'on ne peut pas dire aussi que Dieu l'ait appellée promptement à soy, de peur, comme dit le Sage, que la malice ne corrompit la pureté de son ame, ou

ou que la fourbe du monde
ne s'emparaſt de ſon eſprit;
car quoy qu'il n'y ait point
de ſi beau naturel qui ne ſe
puiſſe changer auec le temps,
ny d'ame ſi affermie dans la
vertu qui ne puiſſe déchoir
de ſon eſtat, & perdre enfin
la grace du Ciel; l'on peut dire neantmoins auec beau-
coup d'apparence, que cette
ſage Princeſſe eut eſté auſſi
incorruptible que les Aſtres,
& auſſi immuable en ſa vertu
que les Saincts, ſi ſa vie eut
eſté longue; car comment la
corruptió eut-elle pû s'intro-
duire dans vne ame, où Dieu
auoit adiouté aux plus belles
inclinations naturelles qu'on

B

puisse auoir, vn renfort de grace & de vertu qui estoit retranché puissamment contre le siecle? comment les ennemis de son salut eussent-ils pû la surprendre estant enuironnée de soixante vertueuses filles, qui la deffendoient bien mieux par leurs prieres, que Salomon n'estoit deffendu par les armes de soixante hommes robuste qui enuironnoient son lit?

Cant. c. 3.

A quoy donc attribuer sa mort, qui a si tost arresté le cours d'vne si belle & si saincte vie, sinon à la seule volonté de Dieu qui couure ses desseins eternels d'vn voile

sacré pour empescher les es-
prits des hommes de les
comprendre? C'est assez pour
nous persuader qu'il luy a
esté vtile de mourir, de sçauoir qu'elle est morte par les
ordres de son Epoux, qui l'a
iugée plus digne du Ciel que
de la terre. Toutes les refle-
xions que nous pourrions
faire pour aller plus loin, ne
seruiroient qu'à nous enga-
ger dans des tenebres, & dans
des abysmes. Il sera bien
plus vtile de considerer les
actions glorieuses de sa vie,
qui sont toutes brillantes de
lumieres, que d'étudier les
causes de sa mort, qui sont
toutes couuertes de nuage.

Nous verrons en elle trois merueilles qui sont aussi rares que les prodiges. *Vne Princesse qui a hay le monde, vne ieune personne qui s'est haye soy-mesme, vne Superieure qui a esté aymée de toutes ses suiettes.* Ces trois aduantages qu'elle a eus en vn souuerain degré, luy ont acquis trois couronnes dans le Ciel, qui doiuent faire les trois points de son éloge, & tout le sujet de mon discours.

Premiere merueille, vne Princesse qui hayt le monde. SI ie veux vous representer comme vn prodige la haine que cette sage Princesse a euë pour le monde, il ne faut pas que ie vous fasse l'histoire de son illustre maison; Il ne faut pas que i'imite ceux qui font reuiure cent morts pour honorer la memoire d'vn seul, & qui ayans à louër vne personne, commancent par la gloire de ses Ancestres, & les font tous passer en triomphe deuant luy, pour releuer l'honneur qu'il a d'en descendre. Car si ie remonte à la source de ce beau sang qui a coulé dans les veines de feuë Madame vostre Abbesse, i'y trouueray des races toutes entieres de Saincts Hermites, de parfaits Religieux, de Vertueuses Abbesses, & de Vierges consacrées à Dieu, qui feront voir qu'il n'y a rien de plus connu dans l'histoire, que les diuorces frequants que les Princes de la maison de Lorraine, ont fait auec la gloire du monde.

Ie voy dans la premiere tige d'où ils sont sortis, qui commance auec la premiere race de nos Roys, trois grands Saincts, de pere en fils, en quatre generations. Saint Arnoul Duc de Lorraine, donna vn sainct Clou à l'Eglise, aussi bien que le sang de France, sainct Clou qui succeda aux Estats, & à la pieté de son pere, eut pour petit fils sainct Eleuthere, qui quitta sa couronne, & le monde, pour viure sainctement dans la solitude, où il fit plusieurs miracles. Ie ne compte presque parmy les autres enfans de ces grands Princes, que des Euesques, des Prestres, des Confesseurs, & des Vierges, qui sont tous morts en reputation de sain-cteté. Le seul Duc Anselbert qui estoit souuerain de la Lorraine il y a plus de mille ans, fut pere de deux saintes Vierges, & de quatre Euesques, dont trois furent Saincts, Moderic, Paul, & Amand. Dieu a voulu que leurs noms fussent aussi immortels que leur gloire, qu'ils fussent l'ornement des Catalogues de l'Eglise, aussi bien que des histoires de Lorraine. Vostre Abbaye, Mesdames, n'est pas la seule qui a eu la gloire d'auoir des Princesses Sœurs, pour Superieures. Iudith, & Agnes, Niepces de Godefroy de Buillon, Duc de Lorraine, furent toutes deux Abbesses. Gertrude, & Idde, aussi Sœurs, qui descendirent du sang de ce mesme Prince furent appellées à la mesme dignité. Treues, Cologne, Remiremont, Ioarre, Lonchamp, Poissi, Soissons, & Mont-Martre, partagent cette gloire auec vous, d'auoir veu le sang de Lorraine consacré à Dieu, aux pieds de leurs Autels, d'auoir veu des

Princesses de cette noble maison, viure en simples Religieuses dans l'enclos de leurs murailles.

Comment donc pourray-ie, en vous nommant tant de Saints, qui ont porté la Couronne sur la terre, auant que d'estre couronnez dans le Ciel, vous faire passer pour vn prodige, la haine que nostre Princesse a euë pour le monde? Ne me direz vous pas que son auersion pour le siecle, luy estoit presque aussi naturelle que sa naissance, que puis qu'on n'appelle pas merueille ny prodige les choses qui ne sont pas rares, c'est abuser de ces noms que de les donner à sa retraitte dans le Cloistre, où elle a esté precedée par plus de cent Princes, & Princesses de son sang. Considerez pourtant, ie vous prie, que comme la manne du Ciel, n'a pas esté moins miraculeuse pour estre tombée sur vn peuple tout entier, & pour auoir paru souuent sur la mesme terre : Ainsi la grace d'hayr le monde, qui est celle qui fait les Saints, ne doit pas paroistre moins merueilleuse, pour auoir esté commune à toute vne race, & pour estre comme vn bien hereditaire, dans cette illustre maison.

Que si vous voulez auoir

des preuues bien claires qu'vne Princesse qui hayt le monde est vne grande merueille, vous n'auez qu'à remarquer l'estroite alliance qui a tousiours esté entre le monde, & la grandeur, & l'extreme difficulté qui se rencontre à les separer. Le monde n'est autre chose qu'vn composé d'honneurs, de plaisirs, & de richesses, & la Principauté, est vn estat de grandeur, où ces trois choses se rendent comme à leur centre. Le monde se donne tout entier aux grands; les grands se donnent sans reserue au monde: ils sont tellement faits l'vn pour l'autre, qu'il n'y a rien de plus vny sur la terre. Or autant qu'il y a de liaison entre le monde, & la grandeur, autant y a-il de correspondance, entre Iesus-Christ, & la bassesse. Le Diable, que Dieu mesme a nommé Prince du monde, ne parle iamais que de s'aggrandir, & tous les siens ; toutes ses pensées portent si haut, qu'il veut atteindre à la diuinité mesme, il ne fait point de moindres promesses aux hommes, que de les rendre immortels, que de leur donner vne science diuine, que de les faire des dieux. Iesus-Christ au contraire, ne parle à ses Disciples que de les rendre humbles, & petits; il abaisse tous leurs sentiments, & tous leurs desirs, iusqu'à la haine d'eux-mesmes. Puis donc qu'autant que le mode soustient la grandeur, & en fait estime, autant le Fils de Dieu la détruit, & la méprise; n'est-ce pas vn prodige, de voir vn grand hayr le monde qui le flatte, & qui l'adore, & aymer l'Euangile de Iesus-Christ qui ne tend presque qu'à l'aneantir?

Quand vn Prince considere, ce qu'il faut qu'il deuienne, s'il rompt vne fois auec le monde; quand il pense ce qu'il y a à perdre pour luy dans cette rupture, il ne se peut faire qu'il ne souffre vne reuolte generale de tous ses sens, & qu'il ne combatte contre la moitié de luy-mesme. Il n'est pas du monde dont ie parle, comme du monde elementaire; en celuy-cy chaque estre demeure en son lieu, & garde tousiours le rang, où l'a placé la nature. Mais dans le monde que le Sauueur des ames veut reformer, il déplace toutes choses, & renuerse entierement l'ordre que donnent, le sang, & la fortune. Il veut que les grands s'abbaissent, & que les petits soient esleuez; il veut que le premier rág, soit pour celuy que l'on a veu au dernier. N'est-ce pas vn estrange reglement pour ceux qui sont nez dans la grandeur? Cependant que le monde les maintient dans vne éleuation Souueraine, qui leur soumet toutes choses; cependant qu'il met toute la nature à leurs pieds pour leur rendre des hommages, & pour leur payer vn tribut de tous ses biens; ils entendent vne loy seuere, que le Fils de Dieu a faite pour tous les siens, qui leur parle vn langage tout contraire à celuy du monde, qui les abbaisse au dessous de tous les hommes, qui leur retranche l'vsage des plus grands plaisirs de la nature, qui leur fait voir la grandeur où ils mettoient la bassesse, & la derniere bassesse où ils mettoient toute la grandeur. Le monde leur disoit qu'ils sont des dieux, & Dieu leur dit qu'ils ne sont que de la poudre. Est-ce donc vne petite merueille, est-ce moins qu'vn grand prodige de voir des Princes, & des Princesses, se declarer pour la Loy de Dieu, qui les abbaisse iusqu'au neant, & abandonner le monde, qui les flatte incessamment, & qui les esleue iusqu'aux Cieux? C'est bien vne aduanture ordinaire, que la mort mette vne eternelle separation entre les grands,

grands, & le monde : mais que l'amour diuin deuance la mort, & qu'il fasse ce diuorce, c'est vn prodige, c'est vn grand miracle. L'Euangile auoit fait des progrez de quatre siecles, auant que de s'estre assuietty des Souuerains; il auoit des millions de peuples sous sa loy, auant que d'y auoir soûmis vn seul Empereur; Et Tertullien n'a iamais crû que les qualitez de Cesar, & de Chrestien, pussent compatir ensemble. L'on a tousiours veu le monde, & les grands, se souleuer contre Dieu, & l'on a veü Dieu & les petits reduits à se retrancher contre le monde.

C

Comme donc vn Disciple de Iesus-Christ, qui se rangeroit du party du monde, deuroit passer pour vn monstre, aussi vn Prince qui quitte le monde, pour estre de la suitte de Iesus-Christ, doit passer pour vn prodige.

Souffrez, grande Princesse, à qui ie consacre cét Eloge, que ie fasse violence à vostre humilité, qui vous est chere iusques dans le Ciel : Souffrez que ie dise à vostre gloire, que vous auez esté vn prodige, & vne merueille, entre les Princesses, d'auoir eu tant de haine pour le monde, qui vous

auoit fait paroiſtre tant d'a-
mour. Vous ne l'auez point
quitté ſans le connoiſtre, &
ſans ſçauoir les grands aduantages que voſtre naiſſan-
ce vous y offroit. Ce n'a point
eſté dans vn aage où vous
fuſſiez incapable d'vn parfait
diſcernement, que vous l'a-
uez iugé indigne de voſtre
eſtime. Il y auoit vingt &
deux ans, que vous viuiez
toute remplie de ſes faueurs,
quand vous rompiſtes auec
luy. Vous auiez eu vn long
eſpace de temps pour ap-
prendre, quel aduantage s'e-
ſtoit de deſcendre par diuer-
ſes branches, des trois races de
nos Roys, & d'auoir des al-

C ij

liances, auec toutes les Couronnes. Vous n'ignoriez pas que la France, l'Espagne, le Dannemark, l'Angleterre, l'Escosse, la Lombardie, la Sauoye, la Bourgogne, la Bretagne, & toutes le grandes maisons de l'Europe, n'ont point de Noblesse, ny de grandeur qui ne tire vn rayon de gloire de la vostre, à qui elles sont toutes alliées. Ie croy pourtant, que vous sçauiez mieux que tout le reste, que vous descendiez de ces grands Princes, qui ont monté apres Iesus-Christ, sur le Caluaire, pour y remettre sa Croix en honneur. Ie croy que le quartier de vos armes, qui vous rendoit plus glorieuse, c'est ce champ semé de Croix, que le Roy Baudoüyn, l'vn de vos Ancestres apporta de la conqueste de Ierusalem. Ie croy que ce que vous trouuiez de plus admirable dans les actions de l'Inuincible Godefroy de Buillon, c'estoit ce genereux mépris qu'il fit de la Couronne d'or, qu'on luy voulut métre sur la teste, quand il se souuint qu'elle luy estoit presentée, au mesme lieu, où le Roy du Ciel, & de la terre, n'en auoit porté qu'vne d'Espines. Ie m'assure que ceux d'entre vos Ayeuls, dont vous tirez plus de gloire de descendre, c'estoient ces Princes Religieux, dont la pieté egaloit le grand courage. Vn Mathieu Duc de Lorraine, qui deffit les Albigeois, grands ennemis de l'Eglise. Vn Simon qui retourna en la Terre Sainte, pour y asseurer les conquestes de son grand Oncle Godefroy de Buillon. Vn Antoine, petit fils de René d'Anjou, de la Maison de France, qui deffit des Armées entieres de Lutheriens en Allemagne. Et ie suis certain, qu'entre les Princesses qui ont eu le mesme sang que vous, il n'y en a point eu qui ayent eu plus de part en vostre estime, que

Marguerite de Bauiere, qui fut à l'endroit de Charles Duc de Lorraine, son marry, ce que Moyse fut à Iosué, & qui deffit son ennemy, par ses prieres, durant que ce Duc les combatoit par ses Armes; Que Marie Stuart Reine de Frāce & d'Escosse, qui mourut autant pour la foy, que pour des raisons d'Estat; que ces autres Princesses vertueuses qui mirent leurs Couronnes aux pieds de Iesus-Christ, pour y prendre l'humble qualité de ses seruantes, & pour viure en simple Religieuses. Ce fut sans doute de l'exemple de ces grandes seruantes de Dieu, que vous

appriste à mepriser les grandeurs du monde, que vous
renouuelastes, en Religion, le
vœu que vous auiez fait à vostre Baptesme, de renoncer à
ses pompes, & d'haïr mor-
tellement toutes ses maximes.

Vous sçauez toutes, Mes-
dames, par le rapport qu'on
vous en a fait, que iamais diuorce, auec le siecle, ne se fit
de meilleure grace que celuy
de cette sage Princesse. Elle
auoit de bonne heure, essayé
ses forces & éprouué sa vertu,
dans les illustres Abbayes de
Ioarre & de Remiremont,
où elle fit admirer sa pieté, dés
sa plus tendre ieunesse ; &

s'estant retirée depuis à
Mont-Martre pour suiure le
conseil d'vn sainct Homme,
qui luy auoit dit, lors qu'elle
estoit en Lorraine, que le
Ciel la destinoit, pour seruir
Dieu sur vn Theatre Emi-
nent, & pour éclairer l'Eglise sur la montagne. Elle eut
tant d'estime pour l'obseruance de la Reigle de Sainct
Benoist, qui se garde estroit-
tement dans cette sainte maison, qu'elle voulut y faire les
vœux solemnels, sans en pouuoir estre retenuë par les larmes de Monseigneur son Pere, qui rendoient vn tesmoi-
gnage public, que le seul
amour de Dieu attiroit cette

grande ame à son seruice, & qu'elle n'y estoit point poussée, par ces dangereuses raisons humaines, qui rendent souuent les vocations des filles de qualité tres-suspectes.

Et certes, on a bien reconnu depuis sa mort, de quelle ferueur elle auoit consacré sa vie à Dieu; ses vœux ayant été trouués parmy ses papiers écrits de sa main, & de son sang : ce qu'elle fit sans doute, dans cette pensée, que puis qu'elle ne pouuoit imiter, ces grands Princes de sa maison, qui répandirent leur sang, pour restablir l'honneur de la Croix sur le Caluaire, il faldoit au moins pour contanter la passió quelle auoit pour ce mystere, qu'elle nous apprit par só sang quelle auoit porté la Croix sur l'vne des plus sainctes Montagnes du monde, où elle vouloit demeurer attachée par les trois vœux tout le reste de sa vie.

Il n'y auoit plus qu'vn seul obstacle au desir passionné, qu'elle auoit, de finir ses iours dans cette sainte retraitte; c'est qu'elle estoit Coadiutrice, de la celebre Abbaye de Remiremont, qui est ordinairement l'Appanage Spirituel de quelqu'vne des Princesses de Lorraine. Elle ne pouuoit pas manquer d'estime, pour vne dignité où elle trouuoit l'alliance, de toutes les grandeurs diuines, & humaines. Elle ne pouuoit manquer de respect, pour vn lieu sacré, qui porte d'illustres marques de la pieté de ses Ancestres, & qui conserue les cendres de plusieurs d'entre-eux. Elle ne pouuoit pas estre insésible à l'amour, que les Dames de cette maison luy faisoient paroistre, ny à la passion ardente, qu'elles tesmoignoient, de viure sous so aymable conduite. Mais toutes ces considerations furent effacées, par vne autre qui occupa entierement son esprit. Elle considera que l'Abbaye de Remiremont, quoy que toute remplie de vertu, conserue encore de petites intelligences auec le monde, son grand ennemy, elle se souuint que ces nobles filles, qui y seruent Dieu, ont encore des pensées, & des desseins legitimes pour le siecle, & qu'elle ne sont pas si absolument Espouses de Iesus-Christ, qu'elles renoncent au pouuoir, d'estre quelque iour Espouses des hommes. Ce n'estoit pas dans vne maison si partagée, entre le Ciel, & la terre, qu'yne ame toute détachée du monde, & toute consacrée à Dieu, pouuoit s'arrester. Aussi se demit-elle bien-tost de sa dignité de Coadiutrice entre les mains de Madame l'Abbesse de Remiremont : elle luy rendit de grande ferueur, les Bulles qu'elle auoit receuës de Rome, & se rendit la liberté à soy-mesme, pour la consacrer à Dieu, dans l'obseruance d'vne vie austere, aussi degagée du monde, que l'estoit son cœur. Ce fut lors que l'on vit paroistre dans ses actions, de nouueaux prodiges, & qu'elle fit voir au monde ce double miracle, qu'vne Princesse peut haïr le siecle, & qu'vne ieune personne, peut s'haïr soy-mesme.

IL est certain, Mesdames, que le peché a, non seulement separé l'homme d'auec Dieu, mais qu'il à encore diuisé l'homme d'auec soy-mesme, & en a fait comme deux Monarchies, dont l'vne est gouuernée par vn Prince legitime, & l'autre se trouue vsurpée par vn Tyran. C'est ce qui fait dire à Sainct Paul, qu'il se regarde luy seul, comme s'il estoit deux personnes, comme s'il y auoit en luy deux Estats, deux commandemens, & deux Loys. Il dit que sa chair se reuolte contre son esprit, & que son esprit se retranche contre sa chair; il considere auec ioye que

seconde merueille, vne ieune personne qui s'hayt soy-mesme.

son esprit, se soûmet à la Loy de Dieu, & il voit auec douleur, que sa chair reçoit la Loy du peché; il se pleint qu'il ne fait pas le bien qu'il veut, & qu'il fait le mal qu'il ne veut pas; il se voit reduit en ce pitoyable état d'estre comme vn champ de bataille, où les bonnes inclinations de son ame, & les mouuements déreglez de ses sens, se combattent sans aucune trêue; & ce fascheux partage qu'il reconnoist dás luy-mesme, procede de ce que l'esprit veut donner la loy au corps, & de ce que le corps, au contraire, veut s'assujettir l'esprit; l'Ame, & la Grace

Grace qui la gouuerne, veu=
lent que l'homme s'haïsse
foy-mesme : comme son
grand ennemy : le corps, &
les passions qui le dereglent
veulent que l'homme s'ay-
me sans mesure, comme le
plus digne objet de son
amour. Voyla ce que l'Apostre & les Saincts ont éprouué dans eux-mesmes, voilà ce
que tout le reste des Chre-
stiens éprouuét comme eux ;
quoy qu'ils n'en tirét pas tous
les mesmes fruicts, qu'en ont
tiré ces grands hommes.

Or ie voy deux causes prin=
cipales, qui font que l'esprit
d'vn fidelle à plus de pente à
suiure la Loy de Dieu, qu'à

D

tomber dans le peché; & i'en remarque deux autres, qui font que le corps a plus d'inclination au peché, qu'à suiure la loy de Dieu. L'esprit se sent plus porté à obeyr à la loy diuine, qu'à la loy du peché, parce que c'est dans l'esprit que l'Image de Dieu a esté grauée dés la creation de l'homme, & c'est dans ce mesme esprit que cette Auguste Image a esté retracée par le doigt de Iesus-Christ, qui l'a restablie apres sa ruine. Cette Image de la Diuinité esleue l'esprit de l'homme, à aymer les biens spirituels, & à aspirer à vne gloire eternelle; d'où vient que ne voyant dans les offres que fait le peché, que des délices brutalles, qui passent, & qui se corrompent en vn moment, il ne peut auoir pour eux, ny estime, ny amour, à moins qu'il ait perdu toutes ses lumieres, & qu'il se soit si fort engagé auec la chair, qu'il ne suiue plus que ses desirs. La seconde cause, & la plus forte, d'où procedent ces nobles inclinations de l'esprit, qui luy font plus aymer la vertu, que le peché, c'est l'Alliance, que fait la grace auec luy, par vne communication immediate, & puissante qui fait bien de plus nobles impressions sur luy, quelle ne fait pas sur les sens, qui sont si materiels, & si vils, qu'il semble que cette qualité diuine ayt peine à s'abbaisser iusqu'à eux. Et outre, que cette raison rend nostre estre corporel, plus panchant vers le peché, que n'est pas l'ame, il s'y sent encore porté par cette cause funeste, que toutes les especes des choses sensibles, qui flattent, & qui corrompent les hommes, qui les poussent & les engagent dans les voluptez que Dieu deffent, sont immediatement receuës dans les organes des sens, & dans les facultez corporelles, où elles vsur-

pent cette Tyrannie, dont
se pleint l'Apostre, qui les
fait soûleuer contre l'esprit.

Comme donc, dans vne
ieune personne, les sens ont
plus de vigueur, & les passions plus de violence ; l'im-
pression des choses sensuel-
les s'y fait bien plus forte-
ment, que dans vn aage plus
meur, les charmes & les ag-
greements du monde, s'y
font gouter auec bien plus de
douceur, que dans l'enfance,
ou dás la vieillesse. D'où vient
que Dieu dit à Noë, apres le
Deluge, qu'il auroit au temps
aduenir, pitié des hommes,
& qu'il seroit moins seuere à
les punir, à cause que dans

eur adolescence, ils ont vne pente maligne vers le peché, qui merite quelque compassion de leur foiblesse, qui est si grande en cét aage, qu'on n'y peut estre bien sage & bien vertueux que par miracle. Vn homme, dit Tertullien, est né pecheur, mais il n'est pas né Chrestien; le vice luy est naturel, mais la grace luy est estrangere; & comme c'est par le sang que le peché est passé dans l'homme, le peché est dans son regne, quand le sang est dans sa force. De sorte, que quand la Loy du peché dit à vne ieune personne, qu'il faut qu'elle s'ayme, qu'elle se flat-

Fiunt non nascuntur Christiani.

te, qu'elle se plonge dans les delices, & dans toute sorte de voluptez : cette loy quelque iniuste qu'elle soit, est aysement écoulée, elle est fauorablement receuë ; & au contraire, quand la loy de grace dit à l'homme, qu'il faut qu'il s'haïsse, qu'il se méprise, & qu'il se traitte presque en toutes choses, comme il traiteroit son ennemy ; Cette loy est rejettée, comme fascheuse, & cruelle, & si elle trouue quelque obeïssance dans l'esprit, elle ne trouue que de la rebellion dans les sens, d'où naist ce combat perpetuel, entre l'vn, & l'autre, où l'esprit à ordinairement si peu de succez, que les sens demeurent les maistres, & nourrissent tellement l'homme dans l'amour propre, que c'est vne merueille, & vn grand prodige de voir vne ieune personne s'haïr elle mesme, pour obeyr à la Loy de Dieu.

C'est en vous, jeune Princesse, que nous attendons de voir ce prodige si merueilleux, & si rare. Paroissez sur ce theatre de gloire, où nostre Religion à veu ses premiers triomphes ; venez immoler à Dieu, cét illustre sang, que vous auez receu de tant de Roys, sur cette sainte Montagne, où les Princes de l'Eglise, où les Apostres de

Oraison Funebre.

France, ont répandu leur sang, pour la Foy. Montrez-nous que vous sçauez bien les imiter dans la haine qu'ils ont euë d'eux mémes, & que si vous ne l'auez pû faire paroître dans ce genre de martyre, qui se cósóme en peu de téps, par vne mort aduansée; vous l'auez fait éclatter dans cette autre espece de martyre, que S. Bernard estime aussi glorieux, & plus penible que l'autre; en ce que la mortification le fait durer l'espace de plusieurs années. Croyez-vous, Mesdames, qu'il luy eût fallu plus de constance, plus de foy, plus de courage, pour faire trancher sa vie par vn coup d'espée, que pour la faire languir dás vne priuatió rigoureuse de tous les plaisirs des sens? Croyez-vous qu'vne Princesse de vingt ans, n'eut pas moins senty de peine à sortir du monde par la mort, quelque violente qu'elle eut pû estre, qu'à y demeurer pour s'hair soy-mesme, & pour se refuser sans pitié tous les honneurs, tous les plaisirs, toutes les richesses, qui luy estoient deües par sa naissance? Croyez-vous que la Nature souffre moins de repugnance à sacrifier vnze passions, qu'vne seule teste, ou qu'elle trouue plus de charmes dans vne vie pleine de trauaux, que dans vne mort pleine de gloire? N'est-ce pas la plus cruelle de toutes les morts, que de mourir à soy-mesme, tous les moments de sa vie; que d'oublier en toutes ses actions, qu'on est née Princesse, pour se souuenir seulement que l'on est Religieuse; que de fermer ses yeux à la gloire des Croix de Lorraine, pour ne les ouurir iamais, qu'à la honte de la Croix de Iesus-Christ? N'est-ce pas vn grand martyr, d'échanger l'éclat de la Cour, contre la poussiere d'vn Cloistre, les riches emmeublements des Palais, contre la pauureté d'vne Cellule, tous les plaisirs qui charment les sens, contre les austeritez qui mattent le corps, tous les interests de l'amour propre, contre la haine, & le mépris de soy-mesme?

Quel exemple de vertu pour vous, sainctes Religieuses de Mont-Martre, de voir tous les iours vne Princesse, que le monde eut adorée pour les rares qualitez qu'elle possedoit, auoir tant de haine d'elle-mesme, qu'elle ne croyoit rien meriter que de l'aduersion, & du mépris. N'estiez vous pas également rauies, & confuses, quand son humilité luy faisoit balier la plasse par ou vous deuiez passer? quand

vous la voyez vous seruir à
table, & s'estimer glorieuse
de pouuoir dire auec son Espoux, qu'elle n'estoit pas venuë parmy vous pour estre
seruie, mais pour vous seruir:
Soûuenez-vous de la ioye
quelle eut, lors que s'estant
trouuée seule Nouice du
cœur, elle eut pour toute cō-
pagne vne sœur couerse, auec
qui elle faisoit tous les exercices du Nouitial. Ce cœur
vrayement humble ne vous
parut-il pas infiniment satisfait de cette heureuse rancon-
tre; ne crut-elle pas qu'estant
descenduë au dernier degré,
elle se voyoit au rang qu'elle
estimoit le plus au monde? rié

luy estoit-il plus cher, que cette douce pensée, qu'estant associée d'exercices, à vne seruante de ses sœurs, elle estoit deuenuë seruante elle-méme, pour s'entretenir tousiours dans ce sentiment, elle en faisoit toutes les actions, d'vne feruéur admirable ; elle employoit ses illustres mains, qui estoient dignes de porter vn Sceptre, à balier sa Cellule, à faire son lit, & à se rendre tous les menus seruices, dont vne pauure Religieuse peut auoir besoin.

Durant qu'elle estoit en l'Abbaye de Ioüarre, l'amour qu'elle auoit, à l'exemple du Sauueur, pour les petits, & les

humbles, donna aſſez prés de
ſa perſonne à vne petite fille
du bourg, à qui elle teſmoi-
gnoit de grandes bontés. Cette fille ſe voyant en aage de
pouuoir entrer en condition,
vint touuer noſtre Princeſſe à
Mont-Martre, & ſe iettant à
ſes pieds, la pria d'auoir pitié
d'elle, & de luy continuër
l'honneur de ſa bien-veillan-
ce, en prenant quelque ſoin
de la pouuoir; elle luy dit,
qu'elle s'eſtimeroit infiniment heureuſe, ſi elle luy
vouloit donner place dans
cette ſaincte maiſon, où elle
ſçauoit qu'elle pouuoit toutes
choſes. Cette grande ame, ſe
ſentant touchée d'vne ſi ar-

dente priere, & consultant tout d'un temps, la tendresse de son cœur, & sa chere vertu l'humilité, luy dit, auec quelque sentiment de douleur. „Ie voudrois bien, ma chere „enfant, faire quelque chose „pour toy, & ie te promets „d'en chercher les occasions; „mais vne pauure Religieuse „telle que ie suis, n'a pas le „pouuoir d'en receuoir d'au- „tres. Alors cette fille qui ne manquoit pas d'esprit, luy ayant dit, que si elle ne meritoit pas de porter l'habit des seruantes de Dieu, elle la prioit au moins, qu'elle pût „estre la sienne; Helas! mon „Enfant, luy repartit cette humble

Oraison Funebre. 59

humble Princesse, ie ne puis auoir qu'vne seule personne pour me seruir, qui est tousiours auec moy, il faut que ie te dise franchement, qu'estant de la condition dont ie suis, ie n'auray iamais d'autre seruante que moy mesme.

L'on peut dire, Mesdames, que iamais personne ne fut plus mal seruie qu'elle, car elle auoit si peu d'estime, & si peu d'amour pour elle mesme, qu'elle se refusoit presque toutes les choses qui n'estoient pas absolument necessaires. Rien n'estoit si pauure que sa cellule, rien de si humble que ses habits, rien de si sobre que son manger,

E

où elle ne voulut iamais rien de particulier, lors mesme qu'elle fut Abbesse. Que si quelqu'vne des Religieuses, touchée de son excessiue humilité, vouloit luy rendre quelque seruice, & luy porter le respect qui estoit deu à son merite, & à sa naissance, elle se pleignoit à Madame de Mont-Martre qui estoit d'intelligence auec elle, pour conseruer sa modestie, elle luy representoit auec douceur, que cette maniere d'agir auec elle ne tendoit qu'à luy redonner l'air du monde, qu'à la raprocher de la grandeur, qu'à luy faire perdre l'esprit de Religion, qu'à ruiner l'ouurage de la grace dans son ame, sa meilleure amie estoit tousjours celle qui la secondoit le mieux dans le mépris qu'elle faisoit d'elle-mesme.

Et afin, que tout le monde en fist peu d'estime, & qu'elle laissast vn bas sentiment de sa personne, aux Religieuses de Mont-Martre, quand sa qualité d'Abbesse l'obligea de les quitter, elle voulut rendre toutes ses fautes publiques, & fit assembler ces deux grandes communautez pour s'accuser humblement en leur presence de tous les deffauts exterieurs, qu'elle crût auoir commis durant qu'elle auoit vecû parmy elles. Foible stratageme de son humilité, qui eut vn effet tout contraire, à celuy qu'elle s'estoit proposé; car elle éprouua ce que dit Tertullien, au liure de la Penitence, que qui s'accuse s'absout, que qui publie ses pechez, les efface, & qu'il n'y a point de gens qui acquierent plus de gloire, que les humbles veritables, par les voyes mesmes qu'ils tiennent pour s'aneantir. De vray, saincte Assemblée, qui n'eust point esté charmé d'vn spectacle si rauissant, & si digne de l'admiration du Ciel, & de la terre? Voir vne grande Princesse prosternée aux pieds des seruantes de son

Dieu; voir vne illustre Abbesse en vne posture d'humilité, où l'on n'auoit point encore veu celles de son rang; voir vne ame toute sainte, dans le mesme exercice de pénitéce où l'Eglise dans la plus grande rigueur ne condamnoit que les grands pecheurs; voir la plus aymable personne du monde, trauailler par l'humilité d'vne confession publique, à donner à celles qui l'admiroient, de la haine & du mépris d'elle-mesme, la voir ietter des soufpirs, frapper sa poitrine, demander grace, & pardon à cette sainte Assemblée qui fondoit en larmes de tendresse & de douleur, & qui ne pouuoit se consoler de perdre vne si vertueuse Princesse, & vne Religieuse de si grand exemple. Pleurez aussi, Mesdames ; il est iuste, puisque vous l'auez perduë apres elle, pour ne la plus reuoir que dans le Ciel.

Grandeurs de la terre, de quel œil regardez-vous vne action si Chrestienne, si sainéte, si contraire à vos maximes ? Que pensez-vous de voir vn sang illustre qui a esté tant de fois assis sur le Trosne, estendu sur la poussiere d'vn cloistre, de voir vne Princesse si accomplie de corps & d'esprit, mettre tout son soin, & toute sa gloire à cacher ses perfections, & à découurir ses deffauts? de voir vn voile d'humilité, sur vne teste qui estoit de naissance à porter vne Couronne, de voir vn sac de Penitence, sur vn corps delicat qui se pouuoit vestir des estoffes les plus riches & les plus commodes, apprenez de cette Princesse innocente, ce qu'vn Pere de l'Eglise veut que vous appreniez d'vn Roy penitent; que la cendre efface sur le front des Princes, le caractere d'orgueil, que le Diademe y imprime, que le sac, & le Cilice appaisent la colere de Dieu, que la vanité qui enuiróne la pourpre, prouoque ordinairement.

Que nostre Princesse, se fut estimée heureuse, si la conduitte du Ciel eust suiui ses sentiments, si les ordres diuins de la prouidence l'eussent tousiours laissée dans les derniers rangs, pour s'appliquer iour & nuit, aux exercices d'humilité, & de penitence ! Qu'elle eust trouué d'auantage, & de douceur à obeyr à tout le monde, & à ne commander à personne, à n'auoir point d'autre employ en la Religion, que d'exercer son amour enuers le prochain & sa haine contre elle-mesme ! Mais Dieu auoit bien d'autres desseins sur cette illustre personne, ses vertus estoient trop exemplaires, ses talents pour gouuerner estoient trop rares pour la laisser au gré de sa modestie dans le nuage d'vne vie cachée. Il falloit que cette grande lumiere seruist à conduire les ames dans les voyes de leur salut, & à les esleuer aux plus hauts degrés de la perfection Religieuse. Vne autre personne de moindre vertu, d'vne humilité plus mediocre, eust peut-estre franchy ce pas sans difficulté, & se fust soûmise à accepter cette charge, sans aucun sentiment de repugnance; Mais pour elle qui estoit la plus humble de toutes les seruantes de Dieu, &

qui s'estoit si bien affermie dans la haine de soy-mesme, qu'elle ne se pouuoit persuader, que personne la pût souffrir pour Superieure; elle s'estoit m'vnie d'vne si forte resolution de n'accepter iamais la charge des ames, qu'il ne sembloit pas que l'on la pût esbranler.

Aussi depuis qu'elle eut renoncé de si grand cœur, à l'Abbaye de Remiremont, elle en refusa constamment plusieurs autres, que leurs Majestez luy firent offrir; & quand on la pressa d'accepter celle du Pont, & qu'elle vit que des personnes d'vne pieté eminente l'assuroient que

Dieu l'appelloit à cette charge, elle se trouua dans vne peine d'esprit si estrange, que son ame en pensa perdre le calme, & la paix dont elle auoit iouy iusqu'à lors. Tous les autres combats qu'il auoit fallu soustenir durant sa vie, ne l'auoient point estonnée; elle auoit terrassé le Diable, le monde, & la chair par des vertus, qui sembloient luy estre naturelles, tant elle auoit de facilité à les pratiquer: mais icy, qu'il ne s'agit pas de combattre contre des vices, mais de dompter sa propre vertu, & de sacrifier son humilité aux loix de l'obeyssance, elle se trouue triste, inquietté, abbatuë; elle est sans ioye, sans consolation, sans vigueur. Elle passe tous les iours reglement vne heure deuant le tres-Sainct Sacrement de l'Autel, pour estre éclairée par ce diuin Soleil, de la resolution qu'elle doit prendre; elle fait faire des prieres, & des vœux de tous costez, elle compose elle-mesme vne Oraison tres-deuote, pour obtenir de Dieu, qu'il l'eclaire; & cependant qu'elle soûpire apres cette grace de discernement; sa vertu luy donne autant de trauail que les autres en souffrent de la part des vices, son humilité est si ingenieuse à luy rendre sa voca-

tion suspecte, qu'elle est longtemps sans connoistre la volonté de son Dieu.

Imaginez-vous vn grand
orage qui vient troubler le
calme de l'air, vous voyez le
combat des nuës, qui met
toute la nature en desordre,
rien ne paroist qu'vne nuit
obscure, qui enseuelit toutes
les beautez du monde ; & lors
qu'il seble que tous les estres
aillent rentrer dans l'ancien
chaos, & que tous les ele-
ments soient menacez de leur
ruine; l'on voit luire vn beau
rayon de clarté, qui perce les
plus épaisses tenebres, & qui
restablit presque en vn moment la paix, & l'ordre par

tout. Il arriue le semblable à l'Ame de nostre sage Princesse. Il se forme vn grand orage dans son esprit, le combat s'excite entre ses vertus, & l'incertitude où elle est, du costé que doit pancher la victoire, est comme vn nuage épais, qui a quelque chose d'aussi triste que les ombres de la nuict. Mais enfin, son cher Espoux, prenant pitié de ses peines, fait luire vn beau rayon de la grace, qui luy fait voir clairemét que Dieu vouloit qu'elle fust Abbesse, & sa vocation fust confirmée par vne merueille, que ie puis nommer le troisiesme prodige de sa vie ; c'est que sa conduitte fust si sage, & si heureuse, qu'elle fust aymée generalement de toutes ses sujettes, mais aymées en vn tel point, que ie puis dire, Mesdames, que vous auriez esté inconsolables de sa mort, si elle ne vous auoit laissé en sa place cette grande Princesse, sa sœur, qui la represente si parfaitement que vous croyez la posseder encore elle-messme.

IE sçay bien qu'il y a beaucoup de verité dans cette proposition, que c'est vne rare merueille, de voir vne Superieure aymée de toutes les personnes à qui el-

Troisiesme merueille, vne superieure aymée de toutes ses suiettes.

le commande, mais peut estre que la vray-semblance n'y est pas, & que plusieurs auront peine à croire, que toutes les ames qui se sont vne fois consacrées à Dieu, puissent manquer d'amour, non plus que de soûmission, & de respect, pour celles que le Ciel a establies sur leurs testes. Mais certes, ce n'est point ternir le lustre de l'estat Religieux, ce n'est point blesser la reputation de tant de Saintes Communautez, qui font des cœurs d'Anges sur la terre, de dire qu'on ny voit rien de plus rare, & de plus merueilleux que des Superieures, qui soient generalement aymées,
&

& qui plaisent sans exception à tout le monde.

L'homme n'a iamais receu de plus beau don que la liberté, c'est elle qui porte les traits les plus vifs, de l'Image de Dieu, & qui nous donne l'Empire sur nous-mesmes, qui vaut mieux que la Souueraineté de l'Vniuers. Or comme la perte d'vn bien si pretieux, nous est en quelque façon arriuée, par le peché, toutes les suites de cette perte nous sont rudes, sensibles, odieuses; & nostre ame ne souffre iamais plus de violence, & de contrainte, que quand il faut qu'elle soit soûmise à l'authorité d'autruy. Il

F

est bien vray que l'amour diuin qui rend toutes choses ayfées, corrige auec tant d'addresse cét aspec farouche, que le peché a donné au commandement des Superieurs, que ceux qui si soûmettent par l'ordre du Ciel, & par le mouuement de leur liberté, ne trouuent rien d'abord de si doux, & de si charmant que la seruitude qu'ils choisissent, & que les chesnes qu'ils portent; mais le temps qui change tout, les rend bien souuent pesantes, & fâcheuses, & la ferueur de l'amour venant peu à peu à s'affoiblir, la repugnáce naturelle que nous auons d'obeir reprend ses premieres forces, & nous fait passer quelquefois de l'aduersion du commandement, à la haine de la personne qui nous commande; soit que la nature preuale en ce point contre la grace, soit que la faute vienne de ceux en qui reside l'authorité, soit qu'elle procede absolument de ceux qui doiuent l'obeissance; tant y a que l'experience generale nous fait voir, qu'on doit admirer comme vn prodige, qu'vne personne qui est dans la charge de Superieure soit aymée generalement de sa Communauté toute entiere. Vous sçauez, que Dieu mesme, dont la puissance est sou-

F ij

ueraine, la sagesse infinie, la bonté sans mesure, n'a iamais esté aymé de tous les hommes, & si l'on en recherche la cause, qui paroist d'abord inconceuable, l'on trouuera, que si les hommes n'ayment pas Dieu, qui les y oblige par tant de dons, par tant de bienfaits, par tant de graces, c'est parce qu'il leur commande d'vne authorité diuine, & qu'il captiue leur liberté naturelle sous les loix de l'obeyssance.

Or nous pouuons dire, que cette Maiesté diuine à accompli en la personne de nostre sage Princesse, la parole qu'il auoit donnée aux siens, qu'ils

Oraison Funebre. 79

feroient des prodiges, & des miracles, qu'ils ne faisoit pas luy-mesme. C'est à elle qu'il a doné souuerainemét, ce comádement aymable, cette grace de plaire, ce charme pour gagner les cœurs qui rend les ames captiues d'vne loy d'amour, qui leur fait porter des chesnes d'œillets, & de roses, qu'elles ayment infiniment mieux que leur liberté. Et c'est icy, Mesdames, que ie deurois garder le silence, & vous laisser la parole pour dire en termes puissants, & persuasifs ce que ie ne puis exprimer que foiblement. Ie sçay bié que vos yeux le disent encore plus éloquament, que ne

F iij

pouroit faire voſtre bouche, & que ces torrents de larmes que vous répandez au ſeul ſouuenir de ſon aymable conduite, paſſent toutes les expreſſions du diſcours, & marquent en carracteres d'amour le doux Empire qu'elle exerçoit ſur vos cœurs. Au reſte ne craignés point, que de ſi juſtes pleurs, puiſſent eſtre blâmez d'excez ou de foibleſſe : vous ne ſçauriez aſſez regretter ce que Dieu, & la vertu, vous obligeoient infiniment à aymer. Hé comment pourriez-vous, vous ſouuenir de cette tendreſſe de cœur qu'elle auoit pour vous, de cette grace charmante qu'elle auoit à

dire toutes choses, de cette é-
galité d'humeur qui dónoit vn
calme perpetuel à son visage,
de cette bonté vniuerselle qui
ne pouuoit rié refuser à persó-
ne, sans ietter de profonds
soûpirs de vostre perte? Ce
n'estoit pas la flaterie, ny la
complaisance, c'estoit vne verité sincere, qui vous obli-
geoit à luy dire si souuent,
qu'elle estoit entre les filles de
son siecle, ce que Moyse estoit
entre les hommes de son
temps, la plus douce, & la plus
debonnaire de toutes. Ce n'e-
stoit pas vne illusion de vos
sens, mais vne heureuse experience que vous auiez faite
de ses vertus, qui vous la fai-

soit regarder, comme l'vne des Superieurs les plus accomplies qui fussent au monde. Ne la viste vous pas prendre vne pauure Cellule dans vostre dortoir, dés le premier iour de son arriuée en cette Abbaye? ne la viste vous pas manger tousiours dans le refectoir, des mesmes viandes que vous? ne la viste vous pas la premiere à tous les diuins offices, & à tous les exercices reguliers? ne la viste vous pas condamner par son exemple tout ce qu'elle reprenoit de sa bouche, & se conduire par tout auec tant de prudence, & de vigueur, auec tant de grace, & de bonté, que vous ne pouuiez rien luy souhaitter, pour la rendre plus parfaite, qu'elle estoit? Comment donc ne point pleurer ny gemir à la mort d'vne Abbesse si aymable, & si aymée?

Ie crains mesme, qu'il n'y ait vn peu de cruauté à vous remettre deuant les yeux, les incomparables qualitez de cette digne Princesse, puis que vous ne les pouuez considerer sans vn excez de douleur. Et ie crains encore dauantage, que ie ne porte vostre tristesse, plus loin quelle ne doit aller, si ie vous fais voir l'Image de cette cruelle mort, qui vous la arrachée d'entre les bras lors que vous mettiez toute vostre felicité à la posseder. Il faut pourtant, que ie rende cette iustice à sa memoire, de vous representer la fin glorieuse, qui couronna vne si belle, & si saincte vie. La Grace, Mesdames, vous fortifiera contre les foiblesses de la nature, pour entendre encore vne fois, vn si triste, & si funeste recit.

Ie me souuiens que i'auois l'honneur de luy annoncer la parole de Dieu, le iour de son illustre Patrone Saincte Anne, lors qu'elle sentit la premiere atteinte de la maladie qui l'emporta. Sa feruueur, & le mespris qu'elle faisoit de sa vie, la retinrent en l'assemblée, nonobstant toutes les prieres qu'on luy fit de se mettre au lit. Elle estoit venuë à Paris par cette fâcheuse necessité, qui dépoüilla la campagne de ce qu'elle auoit de plus saint, & qui fit vn sanctuaire de toute la ville. La guerre la contraignit, comme plusieurs autres Abbesses, de conduire sa communauté dans vn lieu seur; ce qu'elle fit auec tant d'ordre, & de regularité, qu'elle fit partir toutes ses filles, en vn mesme iour, les fit arriuer en mesme temps, dans vne mesme maison, où elle fit garder la closture auec toute la rigueur qui luy fut possible; & mes yeux furent tesmoins qu'elle auoit de si fortes repugnances à la violer, qu'il fallut que Madame de Chevreuse, pour qui elle auoit en toute autre chose vne complaisance aueugle, ioignit l'authorité de mere, aux instantes prieres qu'elle luy fit, pour l'obliger de venir en son Hostel, saluër le Duc de Lorraine son parent, qui souhaittoit passionément de la voir.

Ie vous ay dit, les rapports qu'elle auoit aux bonnes qualitez de Moyse, elle ne luy fut pas moins semblable en sa disgrace, & ne pût non plus que luy mourir au lieu de son repos, & dans cette terre bienheureuse que le Ciel luy auoit donnée pour son partage. Mais tout ainsi que Moyse, qui mourut hors de la terre que Dieu luy auoit promis, obtint, si tost qu'il fut dans le Ciel, que son peuple y pût entrer, & y faire sa demeure: Ainsi nostre saincte Abbesse, qui ne pût mourir dans la terre beniste, qui estoit l'vnique objet de ses desirs; obtint bien-tost apres sa mort, par ses ardentes prieres, que ses cheres Filles, rentrassent dans ce lieu de paix, dont elle n'auoit pû iouyr, elle méme. Son malheur seruit à luy faire encore mieux connoistre, qu'au reste des iustes que le monde est vn lieu d'exil pour les élus, & qu'il est aduantageux d'en sortir pour arriuer promptement en sa patrie. Si tost que son cher Espoux luy eut donné le signal qu'il la vouloit appeller à luy elle tomba dans vn profond assoupissement, qui sembla luy arriuer, pour mieux recueillir son esprit, dans vn entretien secret auec Dieu, sans aucune veüe des creatures. Au sortir de cet estat, elle eust vne pleine connoissance, & vn iugement fort net de toutes choses. Elle receut tous les Sacrements, deux iours auant que mourir, auec vne pieté qu'on ne peut pas appeller extraordinaire, parce qu'elle l'auoit fait paroistre toute sa vie, quand elle auoit approché des choses sainctes. Madame la Prieure luy ayant demandé s'il luy plaisoit qu'on portast son corps dans Nostre-Dame de Paris, elle répondit auec vne douceur, & vne humilité Angelique, qu'ayant eu toute sa vie, vne extreme aduersion pour la pompe, & l'éclat de la grandeur, elle craindroit que son corps n'en pust pas seulement souffrir l'ombre apres sa mort; modestie qui fust si fort à nôtre aduantage, que nous eusmes de precieux dépost dans nostre Eglise, iusqu'à ce qu'on le conduisit en son Abbaye, comme elle l'auoit desiré.

Iamais moments ne furent plus sainctement employez que ceux que Dieu luy donna, depuis qu'elle eust recouuré l'vsage du sentiment, iusqu'à ce qu'elle luy rendit son ame. Son esprit parut pour lors, comme ces grandes lumieres, qui iettent de plus beaux rayons de splendeur, quand elles sont proches de s'esteindre. Elle pourueut, auec vne tranquillité admirable, à tout ce qui concernoit son corps, & son ame. Ie veux dire qu'elle mit ordre que son corps ne receut

receut aucun honneur apres
sa mort, & que son ame pût
meriter la gloire eternelle. La
crainte qu'elle eut qu'on ne
blessat son humilité, quand
elle ne seroit plus en estat de
la deffendre, & qu'on ne la
traitat de Princesse, lors
qu'elle auroit cessé de l'estre,
luy fit ordonner à toutes ses
filles, de ne se plus souuenir
de sa naissance, apres son tré-
pas, & de ne pas mesme marquer le lieu de sa sepulture,
sinon par sa representation
au pied d'vne Croix, qu'elle
embrassat estroitement, pour
exprimer le parfaict amour
qu'elle auoit tousiours eu à
ce sainct mystere.

Elle auoit fait souuent re-

G

marquer à ses sœurs, dans toutes les maisons où elle auoit vécu, que les plus grandes faueurs, qu'elle auoit receuës du Ciel, luy estoient arriuées, aux festes de la Saincte Croix; ce qui l'auoit renduë si deuote, à ce signe adorable de nostre salut, qu'elle l'appelloit ordinairement son vnique Image. Aussi n'estoit-elle pas placée dans son cœur, comme dans ses armes, où la Couronne tient le dessus de la Croix. La Croix dãs ce cœur fidelle, fut tousiours infiniment au dessus de la Couronne: l'vne estoit l'objet de son adoration, & de son amour, l'autre estoit le sujet de son indifference, & de son mépris. Comme donc elle auoit parfaitement aymé la Croix durant sa vie, elle n'oublia pas, en expirant de luy rendre les derniers hommages de sa tendresse, & de ses respects. Car apres auoir donné sa benediction à ses cheres filles qui enuironnoient son lit, & qui fódoiét toutes en larmes, apres leur auoir ordonné d'asfurer Monsieur l'Abbé de Cyteaux, son Superieur, qu'elle mouroit dans son obeïssance; elle leua encore vne fois les yeux, vers la Croix, que la mort referma incontinent pour laisser iouïr sa belle ame des lumieres de la gloire.

G ij

Il ne vous reste plus rien maintenant, de cette grande Princesse, que l'honneur de l'auoir possedées, & le fruict des saincts exemples qu'elle vous a laissez. Vous n'auez plus qu'à considerer, pourquoy la bonté diuine vous l'auoit donée, sans vous estudier à vouloir côprédre pourquoy sa iustice vous l'a rauie. Ie dirois bien Mesdames, que vous deuez rentrer dans vous mesmes, pour chercher exactement, si vous n'estes point coupables de quelque offence, qui vous l'ait si tost fait perdre; mais il est trop visible, que le Ciel ne vous l'a point enleuée, pour vous punir, puis qu'il vous à donné

en sa plasse, cette illustre Princesse, sa sœur, qui a herité de
ses vertus, & de toute la douceur de sa conduitte. Ne pen-
sez donc plus à autre chose, au
sujet de sa memoire, qu'à l'e-
stroitte obligation qu'elle
vous a laissée de l'imiter.
 Ceux que la tradition de
l'Eglise appelle des Roys, y
sont nommez des sages dans
l'Escriture, parce qu'ils sceu-
rent profiter comme ils de-
uoient, d'vne lumiere celeste
qui parlut sur eux, & qui les
conduisit iusqu'à Dieu. Cette lumiere s'éteignit bien-
tost, mais le fruict qu'ils en
tirerent dura plus qu'elle, ils
ne perdirent iamais la diuinité qu'elle leur auoit fait trou-

uer, & passerent, auec tant de piété, tout le reste de leur vie, que nous les tenons aujourd'huy au rang des Saincts. Ces sages Princes, Mesdames, vous doiuent apprendre l'vsage que vous deuez faire de ce bel Astre, que Dieu à fait luire sur vos testes, pour vous attirer à luy. Il est vray, que cette brillante lumiere s'est éclipsée à vos yeux, mais le fruict de ses exemples ne doit finir qu'auec vous, si vous ne voulés perdre le droit de viure, vn iour auec elle.

Vous deuiez des larmes à sa memoire; vous les auez répanduës auec tant de tendresse, & de douleur que vous auez déja satisfait à ce deuoir.

Oraison Funebre. 95

Vous luy deuiez des prieres, pour le salut de son ame; le seruice solemnel que vous luy faites aujourd'huy, apres tant d'autres suffrages, marque bien que vous n'auez pas manqué de fidelité à luy payer cette debte. Il ne reste plus qu'à vous acquiter de ce que vous vous deuez à vous mesmes: mais c'est le point le plus important de tous, & dont l'obligation ne finira qu'auec vostre vie. Il faut donc que vous ayez deuant les yeux, tout le reste de vos iours, les excellétes vertus que vostre saincte Abbesse, à possedées en vn degré éminent. Il faut que vous fassiez toutes vos actions, comme en sa presence, afin que l'amour, & le respect, que vous conseruez pour sa memoire, vous empeschent de faire quoy que ce soit, qui ne soit digne de ses saints Exemples. Vous voila maintenant rentrées dans vostre Arche, comme la Colombe apres de Deluge; vostre retour est comme le sien, vn heureux presage de la paix. Profitez bien, Mesdames, des graces que le Ciel vous fait dans cette sainte retraitte, & trauaillez sans relasche, à viure, & mourir si sainctement, que vous meritiez de passer de cette vie corruptible, à vne gloire immortelle.

FIN.

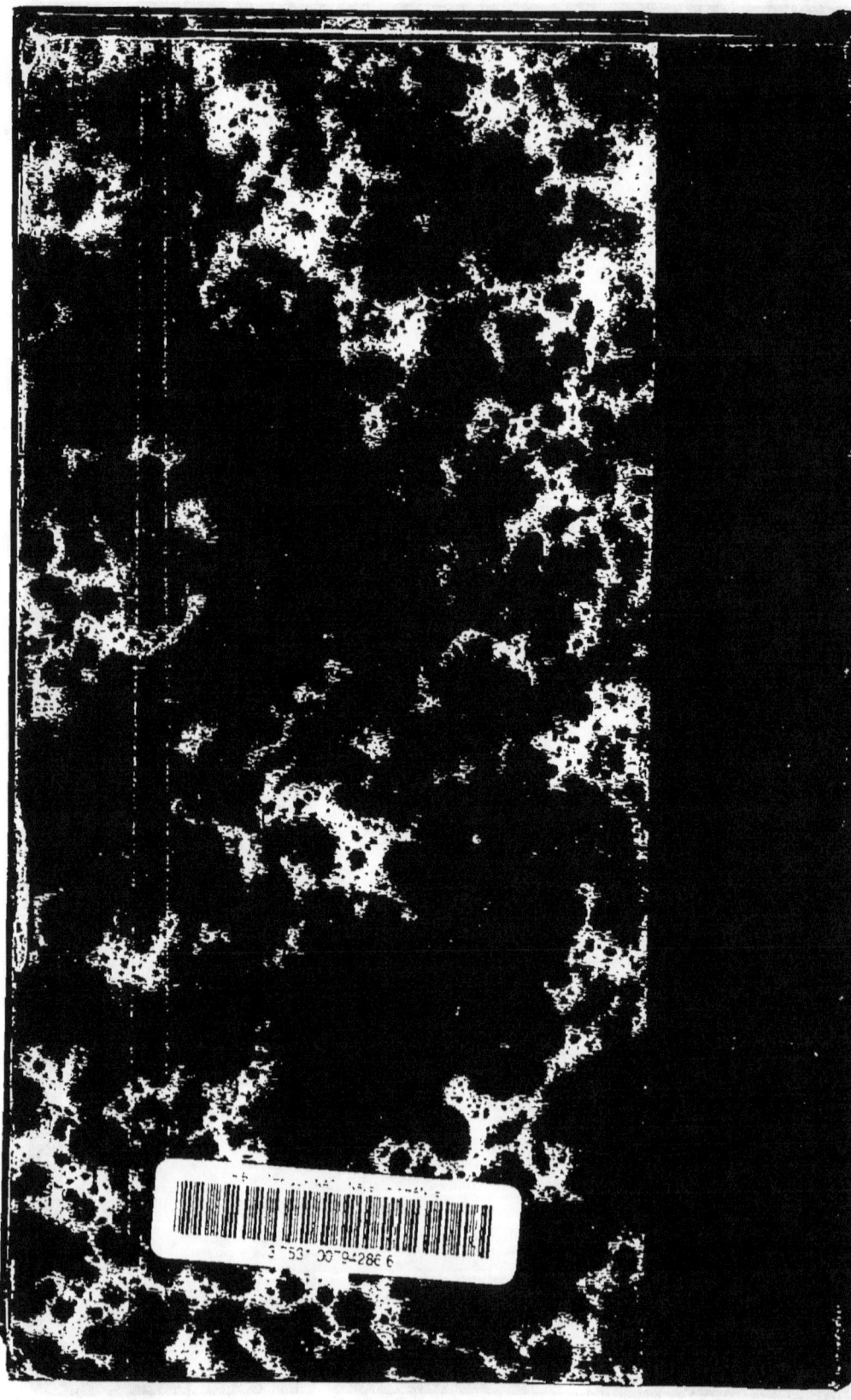

www.ingramcontent.com/pod-product-compliance
Lightning Source LLC
Chambersburg PA
CBHW070242100426
42743CB00011B/2097